Relações Internacionais

Coleção **PASSO-A-PASSO**

CIÊNCIAS SOCIAIS PASSO-A-PASSO
Direção: Celso Castro

FILOSOFIA PASSO-A-PASSO
Direção: Denis L. Rosenfield

PSICANÁLISE PASSO-A-PASSO
Direção: Marco Antonio Coutinho Jorge

Ver lista de títulos no final do volume

Williams Gonçalves

Relações Internacionais

3ª edição

ZAHAR
Jorge Zahar Editor
Rio de Janeiro

Copyright © 2002, Williams Gonçalves

Copyright desta edição © 2008:
Jorge Zahar Editor Ltda.
rua México 31 sobreloja
20031-144 Rio de Janeiro, RJ
tel.: (21) 2108-0808 / fax: (21) 2108-0800
e-mail: jze@zahar.com.br
site: www.zahar.com.br

Todos os direitos reservados.
A reprodução não-autorizada desta publicação, no todo
ou em parte, constitui violação de direitos autorais. (Lei 9.610/98)

Edições anteriores: 2002, 2004

Composição: TopTextos Edições Gráficas Ltda.
Impressão: Sermograf

Capa: Sérgio Campante

CIP-Brasil. Catalogação-na-fonte
Sindicato Nacional dos Editores de Livros, RJ.

G624r
3.ed.
Gonçalves, Williams, 1953-
Relações internacionais / Williams Gonçalves. – 3.ed.
– Rio de Janeiro: Jorge Zahar Ed., 2008.
(Ciências Sociais passo-a-passo; 11)

Inclui bibliografia
ISBN 978-85-7110-674-1

1. Relações internacionais. I. Título. II. Série.

08-1860
CDD: 327
CDU: 327

Sumário

Introdução	7
Os atores internacionais	12
As questões internacionais	28
As teorias das Relações Internacionais	49
Conclusões	61
Referências e fontes	63
Leituras recomendadas	65
Sobre o autor	67

Introdução

As relações internacionais têm despertado o interesse de um público cada vez maior. Até há algum tempo, o estudo das relações internacionais constituía domínio exclusivo de diplomatas e de pequeno número de acadêmicos; atualmente, mobiliza um grande número de jovens estudantes que freqüentam cursos universitários em busca de conhecimento e de novas alternativas profissionais. Simultaneamente, o mundo universitário e a mídia têm procurado saciar esse interesse. A cada dia cresce o número de cursos de graduação e especialização, assim como aumenta o número de publicações e entrevistas com estudiosos de temas das relações internacionais, para maior esclarecimento do público.

Diversas razões podem explicar essa mudança de comportamento face às relações internacionais. Uma delas tem sido o relevo dado pelo meio acadêmico e pelos formadores de opinião ao fenômeno da globalização. Mas não há dúvida que as grandes transformações por que passou o sistema internacional de poder na última década constituem uma das principais, senão mesmo a principal razão para o atual interesse pelas relações internacionais. Mais recentemente, o atentado terrorista praticado nos Estados Unidos em 11 de setembro de 2001, que pôs abaixo o World Trade Center e destruiu parcialmente o Pentágono, contribuiu para aumentar ainda mais esse interesse. Vale dizer, as grandes mudanças ocorridas no mundo levaram a uma maior preocupação com as coisas do mundo.

Ao longo das quatro décadas entre o fim da Segunda Guerra Mundial (1945) e o desmantelamento do Muro de Berlim (1989), o comportamento dos atores internacionais foi condicionado pela estrutura bipolar do sistema internacional. Os arranjos políticos e as alianças encetadas pelos atores eram então determinados pelos dois eixos que compunham o sistema e davam sentido às relações internacionais: Leste-Oeste, o eixo da segurança; Norte-Sul, o eixo da luta pelo desenvolvimento econômico-social. Tanto o conflito como a cooperação derivavam da maneira como os atores se situavam e se deslocavam nesse tabuleiro. A clara definição das posições em face dos principais atores garantia alguma previsibilidade ante determinadas mudanças ou expectativas de mudanças dos demais atores.

O eixo Leste-Oeste, o da segurança, era polarizado pelas duas superpotências — Estados Unidos e União Soviética — e seus respectivos blocos. Sua formação deu-se em 1947, após a dissolução da grande aliança que derrotou as potências do Eixo — o nazismo alemão, o fascismo italiano e o militarismo japonês — na Segunda Guerra Mundial. Derrotado o inimigo comum, EUA e URSS não conseguiram mais sustentar o diálogo e avançar na cooperação que promoveram no período de guerra. Apesar do saldo positivo da cooperação — a vitória contra o totalitarismo nazifascista e a criação da ONU —, acabaram por prevalecer o antagonismo e a rivalidade entre os dois sistemas encarnados por esses Estados.

Esse desfecho da guerra resultou em grandes transformações no sistema internacional. Uma importante mudança foi o declínio da Europa. O "velho continente" perdeu o estatuto de *locus* do processo decisório internacional, foi dividido em áreas de influência e ficou submetido à hegemonia das duas grandes potências vencedoras. A mais importante mudança foi, no entanto, a formação dos arsenais nucleares. Até o início da década de 1960 as duas superpotências estiveram empenhadas numa intensa corrida armamentista, que incluiu a corrida aeroespacial. A partir da Crise dos Mísseis (Cuba, outubro de 1962), verificou-se o empate nuclear e cada uma das duas superpotências desenvolveu a capacidade de destruir o planeta várias vezes. Não obstante o entendimento conseguido depois dessa Crise de 1962 e a *détente* (distensão, relaxamento) que a ela se seguiu, a capacidade de destruição mútua das duas superpotências continuou a regular a dinâmica das relações internacionais, impondo o "equilíbrio pelo terror".

O eixo Norte-Sul, o do desenvolvimento econômico-social, começou a esboçar-se em meados da década de 1950, no contexto das independências das colônias européias na Ásia e na África e da reflexão sobre a questão desenvolvimento/subdesenvolvimento, levada a efeito principalmente por intelectuais latino-americanos. Para tanto, concorreram decisivamente a criação da Cepal (1948), a Conferência Afro-Asiática de Bandung (1955) e a Crise de Suez (1956).

Esses acontecimentos foram de grande importância, na medida em que exprimiram a idéia de lideranças políticas e intelectuais da América Latina, Ásia e África de que a independência política por si só não era condição suficiente para garantir o bem-estar de seus povos; tornara-se evidente a necessidade de criação de mecanismos internacionais que favorecessem o desenvolvimento econômico e social dos povos desses três continentes.

A consolidação do eixo Norte-Sul como fator de estruturação do sistema internacional deu-se com a criação do Movimento dos Países Não-Alinhados (Conferência de Belgrado, setembro de 1961) e com a instalação da Conferência das Nações Unidas sobre o Comércio e o Desenvolvimento, UNCTAD (Genebra, junho de 1964). A luta pelo desenvolvimento atingiu seu auge no início da década de 1970, por ocasião da multiplicação do preço do petróleo — por decisão dos países árabes da Opep (Kuwait, outubro de 1973) — e da Declaração da Assembléia Geral da ONU (1º de maio de 1974), lançando a luta por uma Nova Ordem Econômica Internacional — Noei.

O sistema internacional nascido dos escombros do Muro de Berlim ainda não apresenta linhas tão definidas quanto essas do tempo da Guerra Fria. A Guerra do Golfo (1991), legitimada pela resolução das Nações Unidas que condenou a invasão do Kuwait pelo Iraque, gerou a ilusão de que a mudança fora rápida e radical. Logo, porém, verificou-se que velhos problemas como o nacionalismo e a luta pela autodeterminação persistem na ordem do dia, razão pela qual constata-se certa dificuldade em definir com precisão a atual estrutura do sistema internacional. Em sua dimensão militar, percebe-se uma nítida unipolaridade centrada no dispositivo bélico-nuclear dos Estados Unidos. Na dimensão econômica, há multipolaridade, porque, ainda que continuem a ser a principal economia do mundo, os Estados Unidos não podem tomar decisões sem a legitimação do Grupo dos Sete. Na dimensão dos valores, em virtude da inexistência de qualquer formação ideológica que substitua as idéias socialistas revolucionárias, as idéias nucleares da ideologia liberal passaram a prevalecer sem oposição.

O que há de efetivamente novo no sistema internacional é o intenso debate acerca de assuntos antes sem expressão ou simplesmente submetidos à lógica da confrontação dos blocos de poder. Devido à supressão de temas como o risco da guerra nuclear e a luta pelo desenvolvimento, novas proposições e atores se impuseram. Além da importância crescente de antigos atores não-estatais (igrejas, empresas multinacionais e outros), assiste-se à enorme influência das organizações não-governamentais, as ONGs, no debate internacional. Atualmente, a agenda internacional privilegia a proteção dos direitos humanos, do meio ambiente, da mulher e da criança, as regras do comércio, a luta contra o terrorismo, o combate ao narcotráfico, o fundamentalismo religioso, a não-proliferação nuclear e o regionalismo e a integração econômicos. Enfim, o debate internacional sobre esses novos temas tem atraído mais a participação do público em geral, que sente a realidade internacional mais próxima de seu cotidiano — o que, em tese, permite melhor entendimento e mais participação.

Os atores internacionais

Distinguir os atores que atuam no cenário internacional constitui procedimento imprescindível para a formulação de qualquer juízo sobre as relações internacionais.

Tradicionalmente, a evocação dos atores internacionais é sempre respondida com a lembrança do Estado. Tanto para a visão realista clássica como para o senso comum as relações internacionais nada mais exprimem que as relações que os Estados estabelecem entre si.

Para os partidários de outras visões sobre as relações internacionais, no entanto, essa definição de ator internacional parece por demais restrita. Para pluralistas de diversas tendências, o cenário internacional é freqüentado por um número muito maior de atores internacionais. A idéia das relações internacionais protagonizadas exclusivamente pelo ator Estado parece-lhes mais apropriada à realidade do século XIX, sem qualquer correspondência com a realidade da segunda metade do século XX e muito menos ainda com a realidade do atual século XXI.

Esses demais atores das relações internacionais podem ser classificados de várias maneiras. Optamos por separá-los em "organizações internacionais" e "corporações multinacionais". As organizações internacionais podem ser divididas em intergovernamentais e ONGs. À primeira categoria pertencem organizações como a ONU (Organização das Nações Unidas), o FMI (Fundo Monetário Internacional), a OEA (Organização dos Estados Americanos), a Otan (Organização do Tratado do Atlântico Norte) etc. À segunda categoria pertencem organizações como Greenpeace, Anistia Internacional, Médicos Sem Fronteiras, igrejas e partidos políticos.

Dentre esses atores, usualmente conhecidos como não-estatais, as organizações intergovernamentais são as mais antigas. Elas começaram a se formar no início do século XIX, em seguida ao Congresso de Viena (1815), como um dos efeitos do desenvolvimento e da expansão do capitalismo. A intensificação do comércio internacional e o uso de recursos naturais comuns acabaram por impor aos governos a necessidade da institucionalização da cooperação.

As ONGs também não são novas no cenário internacional. A Cruz Vermelha Internacional (1863) e a Associação Internacional dos Trabalhadores (1864), antecessora da Segunda Internacional (1889) e da Internacional Comunista (1919), são exemplos significativos dessa relativa antigüidade. Contudo, foi depois da Segunda Guerra Mundial (1945), e mais especificamente nos últimos 30 anos, que essas instituições proliferaram. Atualmente, desempenham papel relevante em praticamente todas as áreas — ambiental, jurídica, política, sanitária, tecnológica, esportiva, religiosa etc.

As corporações multinacionais, um produto do capitalismo do pós-Segunda Guerra Mundial, têm atuação bastante controvertida. Pelo poder econômico de que dispõem e pela influência política que exercem, algumas corporações são vistas como tendo poder equivalente ou mesmo superior a determinados Estados.

Examinemos, em maior detalhe, esses diferentes atores internacionais.

Os Estados. O Estado é o mais importante ator das relações internacionais, fato admitido por todas as correntes teóricas que concorrem para a análise das relações internacionais. Essa importância decorre de sua universalidade e do papel do Estado como sujeito exclusivo do direito internacional; isto é, de sua capacidade de ter direitos e deveres internacionais e também de conservar seus direitos por meio do exercício dos recursos internacionais cabíveis.

Na ótica jurídica, a definição de Estado como sujeito de direito internacional continua a ser aquela atribuída pela Convenção de Montevidéu (1933), segundo a qual todo Estado deve possuir: 1) população permanente; 2) território definido; 3) governo; e 4) capacidade de honrar os compromissos contraídos com os outros Estados. É comum fazer-se referência apenas aos três primeiros fatores, por serem dotados de objetividade, enquanto o quarto fator é reconhecidamente de caráter político.

Essas quatro características do Estado podem ser sintetizadas no conceito de soberania. Por soberania entende-se o poder supremo, que é o poder de fazer as leis que modelam as instituições e organizam as relações em sociedade. Em virtude do caráter territorial do Estado, a soberania é exercida exclusivamente no âmbito interno; não pode haver soberania externa. "Soberania externa" é um contrasenso, uma vez que um dos atributos da soberania é não reconhecer qualquer poder que lhe seja superior. Um Estado, por ser soberano, não pode acatar leis formuladas por outro Estado. Em relação aos demais Estados, que são soberanos e, por conseguinte, juridicamente iguais, o Estado desfruta portanto de independência.

Por outro lado, a criação do Estado não é produto de uma decisão; é, na verdade, resultado de um processo histórico. Em vista disso o Estado nunca permanece igual a si mesmo, estando sempre em mudança. As origens do Estado moderno são remotas, sendo praticamente impossível determinar com clareza quando sua formação efetivamente ocorreu. Historiadores e juristas estão de acordo, porém, que o reconhecimento oficial do Estado se deu com os tratados de Westfália. Esses tratados, assinados em 1648, puseram fim a 30 anos de guerras religiosas, asseguraram a manutenção da nova ordem européia e assentaram a soberania e a igualdade como princípios fundamentais a orientar suas relações mútuas.

O processo formativo do Estado desenrolou-se segundo a dinâmica de dois movimentos contraditórios e simultâneos: fragmentação e centralização. De um lado, fragmentação na medida em que os príncipes tiveram de lutar contra o poder universalista e centralizador do Papa. De outro lado, centralização na medida em que os príncipes tiveram de lutar contra o poder político e militar de outros chefes políticos rivais. Desse processo resultaram as características fundamentais do Estado moderno: exército e burocracia civil permanentes, padronização tributária, direito codificado e mercado unificado.

Vale observar que a enorme capacidade dessa nova entidade política de acumular poder e fazer valer os interesses de sua camada dirigente determinou a criação de outras entidades semelhantes. A organização política que se percebia como a única suficientemente capaz de fazer frente à força dos Estados que se iam formando, era o Estado. Com efeito, como sublinha Poggi, a criação dos Estados confunde-se com a criação do sistema de Estados:

> O sistema de Estados modernos é composto de unidades soberanas, coordenadas e justapostas. Os Estados individuais não são órgãos do sistema de Estados, dado que não são postulados e investidos de poderes por ele; os Estados não derivam suas prerrogativas de governo do sistema de Estados mas possuem-nas, outrossim, a título igual a autodeterminado. Os Estados não pressupõem o sistema, geram-no.

Esse sistema de Estados que se consagra em Westfália, entretanto, deve ser visto, como argumenta Stephen Krasner, como um modelo e não exatamente como uma verdade histórica. Em outras palavras: a igualdade dos Estados corresponde a um princípio jurídico abstrato. Na realidade, os Estados apresentam diferenças na extensão territorial, na densidade demográfica, na disponibilidade dos recursos naturais, no nível de desenvolvimento econômico e social, nas realizações culturais, no nível de desenvolvimento tecnológico e nos recursos militares. Em função dessas diferenças, decorre a maior ou menor capacidade de projeção internacional, de exercer influência sobre os demais e, conseqüentemente, de impor sua vontade. Ao longo da história, a soberania dos Estados mais fracos tem sido sistematicamente desrespeitada pelos mais fortes que aspiram a obter alguma vantagem por esse meio.

A diferença entre os Estados é tão significativa, que a própria ONU não a ignora. Se a igualdade existe na Assembléia Geral, mediante a relação "um Estado — um voto", a desigualdade é admitida no Conselho de Segurança, onde apenas cinco Estados com assento permanente (Estados Unidos, Rússia, Reino Unido, França e República Popular da China) — não coincidentemente, cinco Estados com capacidade nuclear —, decidem com poder de veto sobre a paz e a segurança internacionais, coadjuvados por dez Estados que ocupam assentos rotativos.

Não obstante essa óbvia desigualdade que condiciona o comportamento dos Estados no cenário internacional, é consenso a idéia de que a igualdade jurídica ainda é a melhor garantia de respeito à diversidade das realidades nacionais concretas e a mais eficaz proteção contra a atuação muitas vezes agressiva dos atores não-estatais.

A Organização das Nações Unidas. O processo formal de criação da Organização das Nações Unidas, ONU, começou com a assinatura da Carta das Nações Unidas por 51 países, na cidade norte-americana de São Francisco, em 26 de junho de 1945, e concluiu-se com sua ratificação e entrada em vigor, em 24 de outubro do mesmo ano. Por decisão da Assembléia Geral, tomada em 1946, a sede da Organização foi instalada na cidade de Nova York. Como observa Celso Albuquerque, por ser uma decisão da Assembléia Geral, o lugar da sede pode vir a ser alterado por outra decisão da mesma Assembléia, não havendo portanto nada que obrigue a permanência da sede indefinidamente nos Estados

Unidos. Evidentemente, por óbvias razões políticas e econômicas, torna-se pouco provável qualquer mudança de endereço da ONU.

Os objetivos da ONU, de acordo com o disposto no capítulo primeiro de sua Carta, são quatro: 1) manter a paz e a segurança internacionais e, para esse fim: tomar, coletivamente, medidas efetivas para evitar ameaças à paz e reprimir os atos de agressão ou contra qualquer ruptura da paz e chegar, por meios pacíficos e de conformidade com os princípios da justiça e do direito internacional, a um ajuste ou solução das controvérsias ou situações que possam levar a uma perturbação da paz; 2) desenvolver ações amistosas entre as nações, baseadas no respeito ao princípio de igualdade de direitos e de autodeterminação dos povos, e tomar outras medidas apropriadas ao fortalecimento da paz universal; 3) conseguir uma cooperação internacional para resolver os problemas internacionais de caráter econômico, social, cultural ou humanitário, e para promover e estimular o respeito aos direitos humanos e às liberdades fundamentais para todos, sem distinção de raça, sexo, língua ou religião; e 4) ser um centro destinado a harmonizar a ação das nações para a consecução desses objetivos comuns.

A decisão de criar a nova organização ocorreu durante a Segunda Guerra Mundial. Os Aliados, liderados pela Grã-Bretanha, os Estados Unidos e a União Soviética, em seu esforço para vencer os países do Eixo, verificaram a necessidade de se dispor de um sistema de segurança coletiva mais eficaz do que a Sociedade das Nações. Esta, por razões bem conhecidas, fora incapaz de conter a escalada de violência internacional que teve início em 1930. Em virtude disso, considerou-se mais sensato criar uma nova instituição, ao invés de se tentar reformulá-la. Ademais, a URSS, que havia sido expulsa da Sociedade das Nações em 1939, recusava-se a admitir a idéia da reformulação.

A estrutura da ONU é formada pelo Sistema Central, pelos Fundos e Programas e pelas Agências Especializadas. O Sistema Central divide-se em Assembléia Geral, Conselho de Segurança, Secretariado, Corte Internacional de Justiça e Conselho Econômico e Social. Na Assembléia Geral estão reunidos os representantes de todos os Estados membros. A cada um corresponde um voto. A Assembléia reúne-se anualmente no mês de setembro. O Conselho de Segurança reúne 15 Estados membros, dos quais cinco são permanentes: Estados Unidos, Reino Unido, França, Rússia e China. Os outros dez membros são eleitos pela Assembléia Geral a cada dois anos, segundo o critério da distribuição geográfica das cadeiras (cinco para a África e a Ásia, duas para a América latina, duas para a Europa ocidental e uma para a Europa oriental).

Ao Secretariado competem as funções administrativas da ONU. O Secretário-Geral é nomeado pela Assembléia Geral por um período de cinco anos, de acordo com a recomendação do Conselho de Segurança. A Corte Internacional de Justiça é o principal órgão judiciário da ONU. Está sediada em Haia (Holanda) e a ela estão integrados todos os Estados membros. A Corte é formada por 15 magistrados, eleitos pela Assembléia Geral e pelo Conselho de Segurança por um período de nove anos. O Conselho Econômico e Social tem por objetivo coordenar as atividades econômicas e sociais da ONU e das instituições especializadas, sob a autoridade da Assembléia Geral.

Ao longo de sua existência a ONU tem mudado e incorporado novas funções às originais. A primeira grande mudança ocorreu no período que vai de meados dos anos 1950 até os anos 1960. Na ocasião, a ONU funcionou como formidável instrumento jurídico-político para a aceleração do processo de descolonização. E, uma vez tendo aumentado significativamente seu número na Assembléia Geral, os Estados recém-independentes do Terceiro Mundo trouxeram para a ONU a problemática do desenvolvimento, cujo resultado mais objetivo foi a criação, em 1964, da Conferência das Nações Unidas sobre o Comércio e o Desenvolvimento (mais conhecida pela sigla em inglês UNCTAD).

Nova grande mudança, relativa à segurança coletiva, foi a promovida nos anos 1990, depois da Guerra Fria. Até então, a ONU havia praticado duas espécies de intervenção. Uma, a intervenção militar para conter agressões, mediante a determinação do Conselho de Segurança — o que ocorreu na guerra da Coréia, em 1950, e se repetiu na guerra do Golfo, em 1991. Outra, quando do envio de "capacetes azuis" para garantir o cessar-fogo em Suez (1956), no Congo (1960-1964), em Chipre (1964) e no Líbano (1978). A novidade introduzida nos anos 90 foi a ampliação das funções das missões de paz. Atualmente elas abrangem, além da imposição do cessar-fogo, a organização de eleições, a ajuda no processo de reconstrução, a imposição da paz pela força e, também, a ajuda humanitária. Esse tipo de intervenção foi praticado no Camboja (1992), na Somália (1992-95) e na Iugoslávia (1992-95).

As novas atribuições acabaram por acarretar, no entanto, novos problemas. O principal deles é o problema financeiro. As cotas dos Estados são proporcionais à sua situação econômica e, naturalmente, o aumento das atribuições militares implica mais despesas para os Estados membros. O resultado disso é que poucos são os Estados que trazem sua participação em dia. A maioria está em débito com a Organização.

Junto ao problema financeiro há um importante problema político. Alguns Estados, entre eles o Brasil, questionam o fato de o número de assentos permanentes no Conselho de Segurança ter se mantido o mesmo desde a criação da ONU. Esses Estados argumentam que o cenário internacional mudou bastante desde o fim da Segunda Guerra Mundial, e a conservação do direito de veto nas mãos das mesmas cinco potências não mais se justifica. Faz-se necessário, segundo esses Estados (Alemanha, Japão, Índia, Nigéria, Egito e alguns outros), que o Conselho exprima a nova realidade internacional incorporando-os na condição de permanentes. Para alemães e japoneses, trata-se de acabar com a punição imposta pela Segunda Guerra. Para os Estados do Terceiro Mundo, trata-se de ampliar a representação do mundo em desenvolvimento.

As organizações não-governamentais. As ONGs formam um universo amplo e diversificado. Estão, invariavelmente, comprometidas com a defesa dos direitos humanos e têm a pretensão de representar, sem as intermediações dos partidos políticos e das estruturas dos Estados, os mais autênticos interesses do cidadão. Não lutam para promover mudanças profundas e radicais na sociedade em geral, mas para resolver, dentro dos limites estabelecidos pelo Estado no interior do qual atuam, os problemas atinentes à sua especialização, a qual pode ser, entre outros, saúde, educação, meio ambiente, violência urbana, questões fundiárias, direitos da mulher, da criança, de presos políticos, de minorias étnicas, das prostitutas, dos homossexuais ou de refugiados políticos.

Os especialistas divergem quando se trata de revelar suas origens e de apresentar uma definição. Em relação à origem, praticamente todos concordam que as ONGs, tal e qual existem hoje em dia, começaram a se formar no século XIX. A British and Foreign Anti-Slavery Society, fundada na Grã-Bretanha em 1823 e ainda muito atuante no combate a todas as formas de exploração de tipo escravista, certamente é a mais antiga dentre elas. Em relação à definição, a formulada por Marcel Merle é muito bem aceita: "Entende-se por ONG todo grupo, associação ou movimento constituído de forma duradoura por particulares pertencentes a diversos países com a finalidade de alcançar objetivos não-lucrativos."

Uma das principais razões que explicam o fortalecimento das ONGs a partir de meados do século XX, foi o reconhecimento de sua importância pela ONU. Esse reconhecimento se objetivou no artigo 71 da Carta de São Francisco, no capítulo referente à competência do Conselho Econômico e Social, o qual prevê que:

O Conselho Econômico e Social poderá entrar nos entendimentos convenientes para a consulta com organizações não-governamentais, encarregadas de questões que estiverem dentro de sua própria competência. Tais entendimentos poderão ser feitos com organizações internacionais e, quando for o caso, com organizações nacionais, depois de efetuadas consultas com o membro das Nações Unidas interessado no caso.

Depois de cinco anos de funcionamento, o Conselho Econômico e Social passou a discriminar as ONGs em três grandes grupos, concedendo-lhes um verdadeiro estatuto: um pequeno grupo de organizações de alto nível, mais direcionadas para o trabalho do próprio Conselho; um grupo de ONGs especializadas, envolvidas em atividades nos mais variados campos e gozando de uma elevada reputação; e, por fim, um grupo de ONGs capacitadas para a qualquer momento prestar sua contribuição aos trabalhos do Conselho.

A explosão de criação de ONGs aconteceu no início da década de 1990. Instituições como o Banco Mundial, a Organização para a Cooperação Econômica e Desenvolvimento, OCDE, a União das Associações Internacionais, assim como outras mais, estimam a existência de cerca de 50 mil ONGs, sendo que dessas, cerca de 13 mil são consideradas ONGs internacionais. Embora este seja um fenômeno que envolveu povos do mundo inteiro, as ONGs estão em maior número sediadas no Hemisfério Norte. É a partir dos países desenvolvidos que operam aquelas que são mais atuantes internacionalmente, tais como Human Rights Watch, Anistia Internacional, Greenpeace, Save the Children, Médicos Sem Fronteiras e Médicos do Mundo.

Os que defendem a idéia de que as ONGs são atores plenos das relações internacionais, consideram que sua emergência compensa a debilidade dos Estados nacionais em relação a determinados problemas que não dizem respeito diretamente ao poder público, nem tampouco podem ser considerados do âmbito da economia e dos interesses do lucro. Segundo esse ponto de vista, a ação múltipla das ONGs por todo o mundo exprimiria uma ainda mal definida "sociedade civil internacional". A definição desse caráter das ONGs como atores internacionais teria se dado com a Conferência sobre o Meio Ambiente e o Desenvolvimento (Rio de Janeiro, 1992) e, posteriormente, se consolidado com a Conferência de Viena sobre Direitos Humanos (Viena, 1993), a Conferência sobre os Direitos da Mulher (Pequim, 1995), a Conferência sobre o Desenvolvimento Social (Copenhague, 1995), a Conferência Mundial sobre a Alimentação (Roma, 1997) e a III Conferência Mundial da ONU contra o Racismo, Discriminação Racial, Xenofobia e Intolerância Correlata (Durban, 2001). Nessas conferências, que contaram com forte presença das ONGs, lado a lado com os representantes legais dos Estados, teriam vindo à superfície os mais legítimos interesses dos cidadãos de todo o mundo.

As empresas multinacionais. As empresas multinacionais são os atores transnacionais das relações internacionais cujas ações provocam mais controvérsias. Os supostos prejuízos e benefícios que causam aos países hospedeiros têm motivado acirrada polêmica entre especialistas e, por conseqüência, gerado vasta literatura econômica e política. Desde os anos 1960, quando passaram a ocupar lugar de destaque no funcionamento do sistema capitalista de produção, as empresas multinacionais têm sido vistas ora como instrumentos de progresso, mediante o investimento direto, a geração de empregos, o aporte de tecnologia avançada e a formação de divisas, ora como instrumentos para a perpetuação do subdesenvolvimento do Terceiro Mundo, mediante a exploração de fatores de produção baratos, a cartelização da economia e a transferência de recursos para suas respectivas sedes, localizadas no mundo desenvolvido.

Robert Gilpin apresenta-nos uma definição de empresa multinacional bastante abrangente:

> A empresa multinacional tende a ser uma empresa oligopólica na qual a propriedade, a administração, a produção e as atividades de venda se estendem através de diversas jurisdições nacionais. Compreende uma central em um país e um conjunto de subsidiárias em outros países. O objetivo principal da empresa é assegurar a produção menos onerosa possível de bens para os mercados mundiais; esta meta pode ser alcançada adquirindo as condições mais favoráveis para os mecanismos de produção e obtendo concessões impositivas junto aos governos anfitriões.

A origem das empresas multinacionais é européia e data do período que se segue à Segunda Guerra Mundial. Não obstante a maior visibilidade das grandes multinacionais norte-americanas, as empresas pioneiras foram organizadas em pequenos Estados como a Holanda (Philips, Unilever) e a Suíça (Nestlé). Sua formação está diretamente vinculada aos impérios coloniais. O surgimento das multinacionais se deu com a usufruição do monopólio sobre as áreas coloniais por parte de algumas empresas européias. Mediante o poder soberano das metrópoles, várias delas foram protegidas contra a concorrência estrangeira na exploração de fatores de produção de baixo preço, o que lhes permitiu consolidar sua estrutura empresarial como também fortalecer elos com seus respectivos aparelhos de Estado. A condição de multinacional só foi atingida, no entanto, com as independências das colônias. A mudança de estatuto jurídico-político de colônia para país independente das áreas em que tinham seus interesses implantados foi o primeiro e mais importante passo para a transformação dessas empresas nacionais em multinacionais. Os outros passos foram determinados, segundo Marcel Merle, pelas duas leis do sistema econômico liberal: a unificação crescente do mercado cujos elementos são todos interdependentes e a tendência à concentração das empresas.

As multinacionais aparecem, portanto, nos anos 1960. Mas é nos anos 1970 que o peso de sua influência passa a se fazer sentir no plano das relações internacionais. Isto porque várias delas, cujas sedes estão nos Estados Unidos, Alemanha e Japão, passam a dispor de capacidade econômico-financeira que supera numerosas economias nacionais. Sua força política é exercida tanto dentro dos países onde estão suas sedes, como naqueles onde estabelecem suas unidades de produção. Dependendo do ângulo em que se situa o analista, as avaliações sobre a atuação das empresas mudam de positiva para negativa, tanto nos países sedes como nos países hospedeiros.

Nestes últimos, os que defendem as multinacionais consideram que estas atuam como qualquer outra empresa nacional, buscando sempre a maximização de seus lucros. Para tanto, seus dirigentes procuram influir positivamente no processo legislativo, tentando remover obstáculos na área tributária e trabalhista, pressionando para obter subsídios governamentais e exigindo repressão dos movimentos grevistas dos trabalhadores, por exemplo, para assegurar condições políticas ótimas e, assim, mais facilmente alcançar seus objetivos econômicos.

Os que têm posição contrária sustentam que o poder econômico das multinacionais é de tal ordem que, em muitos casos, prevalecem os seus interesses sobre os países em que se encontram instaladas. Para esses críticos, a evasão de divisas que essas empresas provocam, sob a forma de remessa de lucros para a sede, é, em não poucos casos, superior aos benefícios econômicos que geram para o país hospedeiro. Além disso, sua força política é de tal ordem que, naqueles países mais débeis, onde há dependência maior dos frutos econômicos das multinacionais (impostos e empregos), estas acabam por moldar a legislação aos seus objetivos privados. Mais ainda: quando encontram algum tipo de resistência à sua consecução, atuam de maneira subversiva, geralmente com total apoio e recursos do país de origem, para alterar drasticamente o quadro político e, enfim, fazer prevalecer seus interesses. O exemplo mais citado desse tipo de situação, até porque atingiu um grande país de tradições democráticas, é o da empresa norte-americana International Telephone and Telegraph (ITT), que agiu desenvoltamente no sentido de derrubar o governo de inspiração marxista de Salvador Allende, no Chile, em 1973.

As questões internacionais

As questões internacionais que estão em evidência, sendo apreciadas pela mídia, atraindo a atenção da opinião pública, mobilizando as ONGs, sendo debatidas pelas organizações intergovernamentais e exigindo ação da parte dos serviços diplomáticos, compõem a chamada "agenda internacional". Ela é expressão da conjuntura internacional, e suas prioridades são definidas conforme a dinâmica das relações internacionais. Desse modo, determinadas decisões dos atores e certos acontecimentos inesperados podem, repentinamente, inverter a ordem da agenda ou, simplesmente, criar outras novas. Os atentados terroristas contra as cidades norte-americanas de Nova York e Washington, praticados em 11 de setembro de 2001, que levaram à transformação do combate ao terrorismo internacional em prioridade da agenda internacional, exemplificam um caso de súbita mudança.

O problema teórico contido na indagação a respeito do processo por meio do qual se forma a agenda resolve-se, segundo Raymond Aron, pela análise do comportamento político-diplomático das grandes potências ante as demais unidades políticas que compõem o sistema internacional. Isto porque, segundo esse autor, a ambição desses países consiste em modelar a conjuntura internacional, enquanto os demais Estados procuram ajustar-se a ela. Em outras palavras, o autor afirma que as questões internacionais são suscitadas segundo os objetivos específicos das grandes potências, em virtude de sua superior capacidade de mobilizar recursos, assim como de ameaçar e persuadir os demais atores. Mesmo que tais questões também sejam de importância para estes, é própria às nações desenvolvidas a capacidade de impor sua visão a respeito desses assuntos.

A partir dessa idéia formulada por Aron, podemos dizer que a vitória do mundo capitalista sobre o mundo comunista e o conseqüente término da Guerra Fria permitiu que os Estados Unidos, muito mais desenvoltamente, pudessem compor a nova agenda internacional em consonância com os interesses dos países que compõem o Grupo dos Sete. Supondo que o fim da Guerra Fria tornara o mundo homogêneo, essas potências investem no projeto de implantar e fortalecer a democracia de matriz anglo-saxônica em todas as nações e abrir os mercados para o livre fluxo de capitais e mercadorias, além, claro, de enfatizar a questão da proteção do meio ambiente, do desarmamento, do combate ao narcotráfico, ao terrorismo internacional e da defesa dos direitos humanos em todos os planos.

Comércio internacional e a Organização Mundial do Comércio. A queda do Muro de Berlim, o desaparecimento da URSS e o fim da Guerra Fria removeram todos os obstáculos que se ofereciam à efetivação do princípio básico do liberalismo econômico segundo o qual o livre comércio entre as economias nacionais promove o crescimento econômico geral, bem como constitui fundamental condição de possibilidade para se alcançar a paz mundial. Essa supressão da concepção conflitante, permitiu que as relações comerciais internacionais avançassem no sentido de maior institucionalização por meio da criação da Organização Mundial do Comércio, OMC, no ano de 1995.

A OMC é uma instituição intergovernamental global, multilateral, que promove, monitora e arbitra as relações comerciais internacionais. Seu objetivo é estabelecer regras que facilitem a expansão da produção de bens e serviços. Sediada em Genebra, a OMC ocupa-se da regulamentação dos três amplos domínios do comércio de bens, de serviços e da propriedade intelectual. A OMC tem personalidade jurídica e uma burocracia própria, composta de 550 membros, que tratam da solução de controvérsias entre as partes em litígio. Seus princípios básicos são a reciprocidade e o conceito da nação mais favorecida, que podem ser sintetizados como a rejeição a qualquer forma de discriminação. Atualmente, a OMC reúne 144 países membros, destacando-se a República Popular da China como a última significativa adesão.

A criação de uma organização para administrar o comércio internacional constava como um dos projetos da ONU, quando de sua fundação. Havia a preocupação, sobretudo da parte dos Estados Unidos, em reduzir as tarifas alfandegárias que haviam se elevado excessivamente ao longo dos anos 1930. Considerava-se que as políticas econômicas nacionalistas, responsáveis pelo drástico aumento das tarifas, levaram ao estrangulamento das trocas internacionais e à guerra. Por essa razão, convinha criar mecanismos de redução das tarifas e liberalizar o comércio. O governo americano não conseguiu, todavia, convencer suas elites econômicas a aceitarem se submeter à autoridade de um organismo tal como o esboçado na Carta de Havana. Como solução provisória, optou-se pela assinatura de um acordo, o Gatt (General Agreement on Tariffs and Trade), ou Acordo Geral sobre Tarifas e Comércio.

Em seus 47 anos de vigência o Gatt promoveu oito rodadas de negociações entre as partes contratantes para, segundo o princípio da nação mais favorecida, reduzir as tarifas e estimular o crescimento dos fluxos comerciais internacionais. Foram elas: Genebra (1947), Annecy (1949), Torquay (1951), Genebra (1956), Dillon (1960-61), Kennedy (1964-67), Tóquio (1973-79) e Uruguai (1986-94).

A inclusão dos serviços e da propriedade intelectual nas negociações da Rodada Uruguai fez com que essa fosse a mais complexa entre todas. Seu encerramento formal deu-se com a assinatura da ata final de Marrakesh (14 de abril de 1994), que determinou a criação da OMC.

Em meio à polêmica que cercou a criação desse organismo internacional, argumentou-se que sua existência traria grandes benefícios para os países menos desenvolvidos. Por meio do sistema de Solução de Controvérsia, as economias mais fracas poderiam solicitar proteção contra pressões exercidas pelas mais fortes. Ainda que isso seja verdade na teoria, na prática as últimas continuam a usar seus maiores recursos para impor sua vontade, principalmente mediante o artifício de invocar proteção ao meio ambiente e aos direitos humanos, como forma de retaliar economias mais fracas que aumentam sua competitividade em determinados setores da produção de bens e serviços e passam a concorrer com vantagem com os mesmos setores das mais desenvolvidas. Por esse mecanismo, sob pretexto de proteger o trabalho infantil, por exemplo, as economias mais desenvolvidas dão-se ao direito de sobretaxar certos bens importados, alegando proteção contra a prática do *dumping* social.

A OMC é tida como um organismo de grande importância para a condução do processo de globalização. Em virtude da complexidade cada vez maior dos fluxos comerciais e da intensa concorrência entre os agentes econômicos, há um interesse generalizado sobre as controvérsias e as decisões tomadas pelo organismo, uma vez que tais decisões podem acarretar vantagens ou prejuízos de grande monta para os interessados. Além disso, pesa sobre a OMC a expectativa de como deverá tratar o problema da agricultura e, principalmente, a difícil questão do crescimento do comércio regionalizado pelos blocos econômicos.

Integração e blocos regionais. A integração econômica e a formação de blocos regionais têm acompanhado passo a passo a evolução recente da globalização e se destacado como um de seus fenômenos mais característicos. O fenômeno da integração é típico do capitalismo pós-Segunda

Guerra Mundial e a América Latina foi a região que, na década de 1960, por recomendação da Cepal, mais experiências integracionistas realizou. Em 1960, pelo Tratado de Montevidéu, foi criada a Associação Latino-Americana de Livre Comércio (Alalc), que, em 1980, através do II Tratado de Montevidéu, foi substituída pela Associação Latino-Americana de Integração (Aladi). Em 1969, pelo Acordo de Cartagena, Bolívia, Chile, Colômbia, Equador, Peru e Venezuela, formaram o Pacto Andino. Em 1960, pelo Tratado de Manágua, Guatemala, El Salvador, Honduras, Nicarágua e Costa Rica, criaram o Mercado Comum Centro-Americano (MCCA). Em 1968, foi instituído o Mercado Comum do Caribe (Caricom).

A idéia de cooperar por meio da integração está sempre condicionada à existência de um terceiro ator. Essa nunca é uma decisão que brota espontaneamente entre as partes interessadas. No caso da União Européia, a motivação era assegurar a cooperação entre França e Alemanha, com vistas a impedir que essas potências voltassem a competir e a rivalizar, dando oportunidade a que a URSS explorasse tal rivalidade em seu favor ultrapassando a linha da contenção e expandindo-se para oeste. No caso dos países da América Latina, nos anos 1960, a motivação consistia em unir os exíguos mercados nacionais formando um único grande mercado consumidor que fosse suficientemente capaz de incentivar o investimento produtivo e, por esse caminho, reduzir a dependência que esses países da periferia mantinham em relação aos países centrais. No caso do Mercosul, o estímulo para sua formação foi articular um amplo mercado regional, capaz de proporcionar a cada uma das economias nacionais uma participação mais positiva no processo de globalização econômica.

Além das motivações diferentes, que dependem da conjuntura internacional e do contexto regional, os processos de integração podem assumir vários formatos. A literatura econômica reconhece a existência de pelo menos cinco formas diferentes de encaminhamento da integração, que são:

1. Área de tarifas preferenciais: quando dois ou mais países decidem promover redução tarifária parcial, com ou sem uniformidade.

2. Área de livre comércio: quando dois ou mais países decidem promover alíquota tarifária zero para as importações mútuas.

3. União aduaneira: quando dois ou mais países decidem promover, além da tarifa zero para as importações mútuas, a criação de tarifa externa comum.

4. Mercado comum: quando dois ou mais países decidem, a partir da união aduaneira, liberar também o livre fluxo de capital e mão-de-obra.

5. União monetária ou econômica: quando os países integrados decidem, a partir do mercado comum, estreitar mais seus laços mediante a criação de moeda única e política externa e de defesa comuns, criando praticamente um novo país.

Esses cinco tipos de integração obedecem a uma ordem hierárquica, que começa com o mais simples e culmina com o mais complexo. Os países que se dispõem à integração não precisam, no entanto, percorrer todas as etapas. A escolha a respeito do tipo preferido de integração depende da decisão política do governo dos Estados interessados. Estados Unidos, Canadá e México decidiram-se por uma Área de Livre Comércio (Nafta). Argentina, Brasil, Paraguai e Uruguai optaram por um mercado comum, o Mercosul — que atualmente se encontra no estágio de união aduaneira. Os países europeus, por sua vez, iniciaram o processo de integração mediante a criação do Mercado Comum Europeu (Tratado de Roma, 1957) e evoluíram até alcançar a condição de União Européia (Tratado de Maastricht, 1991).

Nafta. O North American Free Trade Agreement — Nafta (Acordo de Livre Comércio da América do Norte) começou a ser preparado em 1990, pelo presidente dos Estados Unidos, George Bush, e pelo presidente do México, Carlos Salinas de Gortari, em continuidade ao processo iniciado com o acordo comercial bilateral entre Estados Unidos e Canadá, assinado em janeiro de 1989. Apresentado ao público em agosto de 1992, foi firmado pelos chefes de Estado dos três países em outubro, na cidade de Santo Antonio (Texas), ratificado pelo governo norte-americano de Bill Clinton, em agosto de 1993, e entrou em vigor em janeiro de 1994.

O acordo assinado pelos três países resultou num dos maiores blocos comerciais do mundo, que reúne uma população de 417 milhões (1999) e um produto interno bruto de 10,26 trilhões de dólares (1999). Os principais objetivos anunciados são a eliminação, num prazo de 15 anos, de todas as barreiras que impedem a livre circulação de bens e serviços entre os territórios das três partes, o aumento das oportunidades de investimento para cada uma delas na área integrada e a promoção do efetivo respeito dos direitos de propriedade intelectual.

Os principais parceiros do Nafta são os Estados Unidos e o México, uma vez que as relações do Canadá com os demais não foram praticamente alteradas. Para os Estados Unidos, o mais importante da negociação foi conseguir abrir o mercado mexicano para seus investimentos diretos. A oportunidade de usar a relativamente barata força de trabalho mexicana representou considerável vantagem, que os sindicatos dos trabalhadores norte-americanos tentaram bloquear. Para o México, a decisão de assinar o Nafta significou a vitória política das forças liberais, interessadas em consolidar as reformas econômicas, bem como em estabelecer um vínculo político forte com os Estados Unidos, de modo a assegurar uma vantagem diplomática ante os demais países latino-americanos. O acordo não incluiu, todavia, nenhuma cláusula relativa ao problema dos trabalhadores mexicanos que atravessam ilegalmente a fronteira para buscar trabalho nos Estados Unidos.

Mercosul. O Mercado Comum do Sul, o Mercosul, foi criado pelo Tratado de Assunção (março de 1991) e obteve personalidade jurídica pelo Protocolo de Ouro Preto (dezembro de 1994), que deu forma à união aduaneira e permitiu a aplicação da tarifa externa comum. O Mercosul é formado por Brasil, Argentina, Paraguai e Uruguai e conta com o Chile e a Bolívia como membros associados.

O Mercosul tem por origem a Declaração de Iguaçu (1985), firmada pelos presidentes José Sarney e Raul Alfonsin, que estabeleceu a integração econômica de Brasil e Argentina como um objetivo político comum. O processo de aproximação dos dois países já havia se iniciado com a assinatura do Acordo Multilateral Corpus-Itaipu (outubro de 1979), que pôs fim ao contencioso relativo ao projeto brasileiro-paraguaio de construção da hidrelétrica de Itaipu, e avançou com a Declaração, que anunciava o início de nova etapa nas relações dos dois países.

Em sua fase de estudos e preparação, que se estendeu de 1986 até 1991, a integração Brasil-Argentina era concebida como um sistema de cooperação pelo qual os dois parceiros lutariam pela consolidação das instituições democráticas, que haviam sido violadas pelos governos militares dos dois países, e pela promoção do desenvolvimento econômico-social. Com a assinatura do Tratado de Assunção pelos então recém-eleitos presidentes Fernando Collor de Mello e Carlos Saul Menem, acrescentava-se ao processo o Paraguai e o Uruguai, bem como os referenciais nacional-desenvolvimentistas passavam a dar lugar a referenciais liberais, o que significava a substituição da idéia de um bloco regional fechado por um bloco aberto, cujo objetivo mais importante tornava-se inserir positivamente o bloco econômico na economia globalizada. Enfim, refletindo as mudanças internacionais gerais, decorrentes do fim da Guerra Fria, os governos dos países do Mercosul passavam a dar mais importância aos fluxos comerciais e à captação de investimentos do exterior do que ao processo de cooperação propriamente dito.

Do ponto de vista comercial, o Mercosul pode ser considerado um êxito. Depois do Nafta, ele constitui a mais bem-sucedida experiência de integração econômica das Américas. Tomando por base os anos de 1990 e 1999, o crescimento do comércio intra-regional foi da ordem de 271%. Para o Brasil, essa região econômica tornou-se a terceira mais importante de seu comércio global, ficando atrás da União Européia, em primeiro, e dos Estados Unidos-Canadá, em segundo.

A questão cambial representa o maior problema enfrentado pelo Mercosul, principalmente pelo Brasil e a Argentina. A necessidade de alterar a taxa de câmbio para fazer face a problemas de natureza macroeconômicas gera mal-estar e surtos protecionistas, como ocorreu no início de 1999, quando o governo brasileiro promoveu uma depreciação cambial e os empresários argentinos protestaram exigindo de seu governo medidas de proteção para seus produtos.

União Européia. A União Européia (UE) foi criada logo após a Segunda Guerra Mundial e desde então tem se desenvolvido, percorrendo um trajeto marcado por avanços significativos, mas também por momentos de grande pessimismo. O objetivo de sua criação era comprometer os grandes Estados da Europa, principalmente França e Alemanha, num programa construtivo de cooperação, com vistas a evitar o renascimento dos nacionalismos extremados, que haviam provocado duas guerras mundiais no século XX, e, simultaneamente, fortalecer a posição anti-soviética numa região estrategicamente fundamental para a preservação do sistema capitalista internacional.

O primeiro passo no sentido de sua formação foi dado mediante proposta do ministro das Relações Exteriores francês Robert Schumann, que idealizou a formação da Comunidade Européia do Carvão e do Aço, Ceca (1951), que juntou a França e a Alemanha à Itália e à Bélgica, Holanda e Luxemburgo (Benelux), formando a Europa dos Seis. Essa Comunidade evoluiu para a condição de Mercado Comum Europeu em 1957, quando da assinatura do Tratado de Roma, que criou mais duas novas organizações: a Comunidade Européia de Energia Atômica, Euratom, e a Comunidade Econômica Européia, CEE.

A partir de 1973 a Comunidade Européia iniciou um processo de ampliação com a admissão do Reino Unido, da Irlanda e da Dinamarca, que prosseguiu com as adesões da Grécia (1981), Portugal e Espanha (1986) e Áustria, Finlândia e Suécia (1995). Depois da Guerra Fria, a Comunidade Européia deixou de ser composta exclusivamente por países da parte ocidental. Em 1993, ficou decidido que os pedidos de adesão dos países do centro e do leste da Europa seriam atendidos, desde que os mesmos preenchessem os seguintes critérios: sistema econômico de livre mercado e sistema político democrático estável. Uma vez tomada essa decisão, acumularam-se os pedidos, que vêm sendo examinados para posterior aprovação.

O Tratado de Maastricht, assinado em 1991, ao entrar em vigor em 1993 determinou a alteração do nome de Comunidade Européia para União Européia, introduziu uma cidadania da União que se acrescenta à cidadania nacional e estabeleceu por prioridades a União Econômica e Monetária, UEM, e a Política Externa e de Segurança Comum, Pesc. A primeira das prioridades de Maastricht, a criação de uma moeda única que substituísse as moedas nacionais de cada país membro, tornou-se realidade em 1º de janeiro de 2002 com o início da circulação da moeda comum, o euro. A segunda das prioridades, uma política externa e de defesa comuns, tem se revelado ainda mais polêmica do que a primeira e, por essa razão, continua aguardando melhor oportunidade. Na verdade, com a consecução dessa prioridade, que deveria implicar a retirada das bases militares norte-americanas de seu território, a UE alcançará o estatuto de Estado — neste caso um super-Estado, sob qualquer ângulo de análise.

A União Européia é uma das principais potências econômicas do mundo, com 376 milhões de habitantes e produto interno bruto de 8,5 trilhões de dólares (dados referentes a 2001), e mantém acordos com outros parceiros econômicos. Existe um interesse em estreitar os laços com a América Latina e, em particular, com o Mercosul. As negociações nesse sentido têm, não obstante o vivo desejo de ambas as partes, esbarrado no problema das práticas protecionistas européias no setor agrícola, que contrariam os objetivos de países com grande capacidade produtiva, como é o caso do Brasil.

Ao longo de sua trajetória a União Européia foi formando uma estrutura burocrática supranacional sediada em Bruxelas, cujos principais órgãos são o Conselho Europeu, o Parlamento Europeu, o Conselho da União Européia, a Comissão Européia e a Corte de Justiça Européia. Como símbolos, a União Européia dispõe de bandeira e hino. A bandeira azul com um círculo de doze estrelas representando a união dos povos da Europa — foi adotada em 1986. O hino europeu — um arranjo musical sem palavras do prelúdio Ode à Alegria da Nona Sinfonia de Beethoven por Herbert von Karajan — foi adotado em 1972 e é sempre executado nas cerimônias européias.

Direitos humanos. A questão dos direitos humanos é parte integrante da tradição cultural do mundo ocidental. As primeiras discussões acerca dessa idéia datam do período medieval da história européia e, na era moderna, ganharam amplitude e profundidade com as obras filosóficas dos contratualistas, como Hugo Grotius, Thomas Hobbes e John Locke. Usualmente, historiadores e juristas consideram a Magna Carta, de 15 de junho de 1215, pela qual os barões ingleses confirmavam as velhas liberdades consuetudinárias contra o poder real de João Sem Terra, como a mais antiga defesa dos direitos. Da mesma forma, considera-se a Declaração dos Direitos do Homem e do Cidadão, de 26 de agosto de 1789, como o marco referencial do exercício da liberdade sob o império da lei, em condições de igualdade. Junto com as Bill of Rights das colônias norte-americanas, a declaração dos revolucionários franceses traduziu os direitos, pela primeira vez na história, em leis positivas.

A discussão sobre os direitos humanos no âmbito das relações internacionais é relativamente recente — data de após a Segunda Guerra Mundial —, não obstante o Congresso de Viena (1815) ter iniciado o processo de abolição do tráfico de escravos já no século XIX. Até então, a questão dos direitos dos indivíduos era considerada como de âmbito exclusivo do Estado, abrindo-se exceção apenas para os estrangeiros e para as minorias étnicas e religiosas. Isto é, entendia-se que não competia a qualquer órgão ou instituição interferir em assuntos que diziam respeito exclusivamente ao Estado. Foi o advento do nazismo que produziu uma mudança na percepção da questão. Em virtude das atrocidades praticadas pelos nazistas em nome do Estado, concluiu-se que o restante do mundo não poderia mais permanecer inerte, observando como mero espectador o sofrimento de seres humanos indefesos, em respeito ao conceito de soberania do Estado. Fazia-se necessário, pois, criar mecanismos que comprometessem os Estados na defesa dos direitos humanos.

A consciência de que crimes como os praticados pelos nazistas não poderiam mais ser repetidos em parte alguma e de que não poderia haver mais lugar para a dominação colonial no mundo do pós-guerra, fizeram com que a questão da defesa dos direitos humanos fosse incluída em todo o processo de criação da ONU como matéria de grande relevância. O ápice desse processo, iniciado com a Carta das Nações Unidas, foi alcançado em 10 de dezembro de 1948, ocasião em que veio a público a Declaração Universal dos Direitos do Homem. A Declaração apresenta-se como uma consolidação das duas gerações anteriores de direitos humanos sob a forma de direitos dos povos: a primeira, os direitos civis proclamada pelos constituintes franceses de 1789; a segunda, os direitos econômicos e sociais (direito ao trabalho, à educação e ao lazer) reconhecidos pelos governantes europeus no final do século XIX.

A particularidade da questão desses direitos como tema da agenda internacional é que todos os Estados em tese os defendem, bem como nenhum Estado admite sua violação. O problema, assim, reside nas diferentes interpretações que se aplicam a esse conceito. Na época da Guerra Fria, havia divergências entre o mundo soviético e o mundo ocidental. Os soviéticos, coerentes com sua ideologia marxista-leninista, não aceitavam a idéia do direito civil preceder o direito econômico-social, isto é, não admitiam que o indivíduo fosse considerado mais importante que a classe social. Quando a Guerra Fria chegou ao fim, acreditou-se que esse problema estaria superado. No entanto, ele de certa forma manteve-se inalterado, porque teve início a polêmica sobre o multiculturalismo. Para determinados Estados do Oriente, é inadmissível a pretensão do Ocidente de universalizar sua concepção individualista de direitos humanos. Segundo esses Estados, a concepção desses direitos está submetida a códigos culturais inconfundíveis, de modo que qualquer tentativa de universalização do conceito só pode corresponder a evidentes interesses de hegemonia cultural.

Apesar de todas as dificuldades de conciliação de visões diferentes acerca da questão, a luta contra o desrespeito obteve vitórias expressivas, como atestam vários pactos e convenções: Declaração Universal dos Direitos do Homem (1948), Convenção sobre a Prevenção e a Punição dos Crimes de Genocídio (1948), Convenção Européia para a Proteção dos Direitos do Homem e das Liberdades Fundamentais (1950), Convenção Internacional sobre a Eliminação de Todas as Formas de Discriminação Racial (1965), Pacto Internacional de Direitos Civis e Políticos e Pacto Internacional de Direitos Econômicos, Sociais e Culturais (1966), Convenção Americana de Direitos do Homem (1969), Convenção Internacional sobre a Eliminação da Discriminação contra as Mulheres (1979) e Carta Africana de Direitos dos Homens e dos Povos (1981).

As discussões havidas na Conferência Mundial dos Direitos Humanos (Viena, junho de 1993) revelam, por outro lado, as grandes dificuldades que ainda persistem a propósito da questão. Para os Estados do Terceiro Mundo afigura-se inaceitável a hipótese do direito de ingerência levantada pelos defensores dos direitos humanos nos países avançados, assim como parece inaceitável o cruzamento dos debates sobre direitos humanos e a liberalização do comércio internacional.

Em relação à primeira questão, há rejeição da proposta, porque ela não leva em conta as diferenças culturais que separam o mundo ocidental dos mundos muçulmano, confuciano, hindu e budista, e, fundamentalmente, desrespeita o direito de soberania dos Estados. Em relação à segunda questão, ao defender a idéia que o uso do trabalho infantil, por exemplo, deve ser imediatamente abolido e que os produtos que contenham trabalho infantil devem ser boicotados ou sobretaxados, os países do mundo capitalista avançado — argumentam representantes dos países do Terceiro Mundo — estão comprometendo a renda do Estado exportador e, por isso mesmo, reduzindo as possibilidades de esses Estados encaminharem mais positivamente a questão social que os atinge.

Apesar das dificuldades em harmonizar as distintas concepções de direitos humanos, a antiga aspiração coletiva de criação do Tribunal Penal Internacional está próxima da realização. Em julho de 1998, foi assinado o Tratado de Roma, por 139 países. Quando estiver em funcionamento, o TPI julgará responsáveis pela prática de genocídio, crimes contra a Humanidade e de guerra, em ação jurídica complementar aos tribunais nacionais que, por qualquer razão, omitirem-se no julgamento dos fatos. Em que pese a forte posição contrária dos Estados Unidos, considera-se que esse tribunal permanente constituirá considerável avanço no direito internacional, uma vez que sua institucionalização poderá resultar no fim da ingerência política nos julgamentos.

Meio ambiente. A questão ambiental passou à condição de objeto de política internacional no século XIX, quando os Estados da Europa celebraram os primeiros acordos relativos ao uso dos recursos naturais. À medida que a expansão do capitalismo determinou a intensificação dos contatos entre os povos e que o avanço da tecnologia aumentou o grau de intervenção do homem na natureza, a regulação, a preservação e o controle dos recursos naturais começaram a se impor como necessidade. A formação das comissões para o uso dos rios Danúbio e Reno, na Europa, no início do século XIX, constitui perfeito exemplo dessa necessidade criada pela interdependência econômica.

A inserção da questão ambiental no rol das prioridades internacionais só aconteceu, no entanto, em meados dos anos 1960. Nos países desenvolvidos, a preocupação com a poluição e a preservação do meio ambiente, bem como com os efeitos dos testes nucleares, envolveu um público cada vez mais amplo. Em abril de 1970, exprimindo esse crescente interesse, cerca de 300 mil norte-americanos participaram da comemoração do Dia da Terra, o que levou à abertura de largos espaços nas páginas de jornais e revistas para a apresentação e discussão do tema ambiental.

A efetiva transformação dessa questão em objeto das relações internacionais deu-se, no entanto, com a realização da Conferência das Nações Unidas sobre Meio Ambiente Humano, realizada em Estocolmo, na Suécia, em junho de 1972. Essa primeira conferência temática da ONU, que começou a ser preparada a partir da Resolução 2398 da Assembléia Geral das Nações Unidas, reuniu 113 países, 19 órgãos intergovernamentais e 400 outras organizações intergovernamentais e não-governamentais.

A Conferência de Estocolmo ficou marcada pelo confronto de posições entre as potências capitalistas avançadas e os países do Terceiro Mundo. Na Agenda do Norte, aquela dos países desenvolvidos, predominava a preocupação com temas como a chuva ácida e a poluição dos mares e recomendava-se uma política preservacionista. Na Agenda do Sul, dos países do Terceiro Mundo, predominava a preocupação com o desenvolvimento econômico-social e prevalecia a tese de que a pobreza e a miséria eram a pior forma de poluição. Não obstante certa intransigência de ambas as partes, do evento resultou a criação do Programa de Meio Ambiente das Nações Unidas (Unep — United Nations Environmental Programme), que representou um avanço no sentido de uma abordagem mais racional da questão ambiental.

Na segunda metade dos anos 1980 houve mais uma mudança nesse quadro com o advento da chamada "segunda onda verde internacional", que recolocou a questão na agenda internacional, após um período de baixo interesse. Para esse despertar, alguns acontecimentos revelaram-se muito importantes, tais como o arrefecimento da disputa ideológica entre as duas superpotências e a preocupação da mídia internacional pelos fenômenos da desertificação, da redução da camada de ozônio e da mudança climática. Três outros acontecimentos foram, porém, fundamentais: a explosão na usina nuclear de Chernobyl, em abril de 1986, a publicação do Relatório Brundtland, em 1987, e o assassinato do ativista brasileiro Chico Mendes, em dezembro de 1988.

A explosão em Chernobyl e o assassinato de Chico Mendes comoveram a opinião pública e alertaram-na para a gravidade da questão ecológica. O relatório apresentado pelo grupo de estudos chefiado pela primeira-ministra da Noruega, Gro Brundtland, intitulado *Nosso futuro comum*, teve, por sua vez, o mérito de possibilitar o diálogo entre países desenvolvidos e do Terceiro Mundo mediante a elaboração do conceito de "desenvolvimento sustentável". Por desenvolvimento sustentável convencionou-se entender que é possível lutar pela satisfação das necessidades básicas de alimentação, saúde e habitação sem praticar um estilo depredatório de crescimento econômico. Para tanto, consideram-se necessários compromissos de cooperação entre países ricos e pobres e organizações intergovernamentais e não-governamentais em favor do uso de tecnologias limpas e da pesquisa de nova matriz energética que privilegie fontes renováveis de energia.

O novo conceito de desenvolvimento sustentável ocupou lugar central no debate internacional travado no âmbito da II Conferência das Nações Unidas para o Meio Ambiente e o Desenvolvimento. A ECO-92, como a conferência ficou mundialmente conhecida, realizou-se na cidade do Rio de Janeiro, entre 3 e 14 de junho de 1992. Primeira grande conferência internacional após a Guerra Fria, a ECO-92 reuniu 110 chefes de Estado e de governo, cerca de cinco mil delegados de 178 Estados, dois mil organizações não-governamentais e nove mil jornalistas de todo o mundo.

O resultado da conferência foi um pacto entre países ricos e pobres cujo objetivo é a luta em favor do desenvolvimento sustentável. Esse pacto desdobrou-se em quatro documentos: 1) Declaração do Rio sobre Meio Ambiente e Desenvolvimento; 2) Agenda 21; 3) Declaração de Princípios sobre Florestas; e 4) Convenções sobre Mudança Climática e Diversidade Biológica. A Agenda 21 é o principal desses documentos. Trata-se de um plano de ação em forma de livro, dividido em quatro seções de 40 capítulos, com vistas a viabilizar a adoção do desenvolvimento sustentável e ambientalmente racional em todos os países.

Nos dez anos que se seguiram à Conferência do Rio, prosseguem as discussões a respeito da maneira como se deve interpretar os compromissos assumidos e como melhor ajustá-los aos interesses nacionais de cada parte. Dentre eles, a Convenção sobre o Clima e a Convenção sobre a Biodiversidade têm provocado intensa polêmica, dando mostras de que a questão ambiental consolidou-se como tema de grande relevância nas relações internacionais.

As teorias das Relações Internacionais

O acadêmico australiano Scott Burchill, na introdução de seu livro sobre as teorias das relações internacionais, afirma que: "Relações Internacionais pode ser designada como a disciplina do desacordo teórico." Isso porque os especialistas divergem sobre praticamente tudo o que diz respeito ao seu quadro teórico-conceitual. De modo geral, as discordâncias vão desde ao que deve ser estudado até como deve ser estudado. Isto é, existe desacordo sobre o objeto, sobre a metodologia e sobre a teoria. Para dar alguma inteligibilidade à polêmica, a literatura sobre o assunto costuma relacionar a evolução das Relações Internacionais aos "grandes debates" que os representantes das principais correntes teóricas têm travado desde os anos 1930, quando as Relações Internacionais começaram a esboçar-se como disciplina autônoma.

Deve-se assinalar, por outro lado, que esses debates se limitam ao mundo anglo-saxão. Como observam alguns estudiosos, Relações Internacionais é uma disciplina que foi criada e se desenvolveu apenas nos Estados Unidos e na Inglaterra. Por razões de ordem econômica, institucional e política as Relações Internacionais encontraram terreno fértil nesses dois países. Fora do mundo anglo-saxão, as intervenções teóricas nos debates têm sido meramente ocasionais. Excluindo a relevante contribuição prestada pelo intelectual francês Raymond Aron para uma maior fundamentação científica do realismo, na verdade, nenhuma outra contribuição vinda de fora do mundo anglo-saxão merece destaque.

O projeto das Relações Internacionais como disciplina nasceu da necessidade de se encontrar as razões da Primeira Guerra Mundial, uma vez que a História Diplomática e o Direito Internacional, que ao longo do século XIX haviam se ocupado do assunto, já não conseguiam mais dar conta da complexa rede de interações que formavam a realidade das relações internacionais no século XX. A primeira cátedra dedicada às Relações Internacionais, Cátedra Woodrow Wilson, foi criada na Universidade de Gales, em 1919. Seu reconhecimento acadêmico só ocorreu, no entanto, depois da Segunda Guerra Mundial. Para isso, a publicação de *The Twenty Years' Crisis — 1919-1939*, de Edward H. Carr (1939), e de *Politics Among Nations*, de Hans J. Morgenthau (1948) foram fundamentais. A obra de Carr foi importante por demonstrar que o descaso da análise liberal-idealista para com as relações de poder entre os Estados tornava-a insuficiente como teoria das Relações Internacionais. A obra de Morgenthau foi importante, por sua vez, por fundamentar a proposta realista das Relações Internacionais de Reinhold Niebuhr e Edward Carr.

A partir do reconhecimento das Relações Internacionais como disciplina acadêmica, na década de 1960, várias proposições teóricas foram sendo apresentadas. Os estudiosos, para fins de sistematização, dividem-nos segundo as *correntes de pensamento* ou *concepções teóricas* às quais pertencem. Alguns deles preferem a utilização do conceito de *paradigma*, tomado de empréstimo a Thomas Kuhn, autor de *A estrutura das revoluções científicas*, para operar essa classificação. As três principais correntes teóricas da disciplina são: liberal, realista e racionalista.

Liberalismo. O liberalismo nas Relações Internacionais tem suas origens no pensamento iluminista do século XVIII. Suas principais fontes de inspiração são as obras de Adam Smith (*A riqueza das nações*, 1776), John Locke (*Segundo tratado sobre o governo civil*, 1690) e Immanuel Kant (*Paz perpétua*, 1795/96). Em sua condição de corrente teórica das Relações Internacionais, o liberalismo apresenta não só uma dimensão analítica, mas também uma dimensão normativa, ou seja, além de pretender mostrar como a realidade é, pretende mostrar como ela deve ser.

O liberalismo não constitui um sistema filosófico orgânico e coerente. O que se entende por liberalismo é, na verdade, um conjunto de idéias sobre a economia, a política e a sociedade que tomam o indivíduo como elemento central. Os liberais, de maneira geral, apreciam a natureza humana numa ótica positiva. Acreditam que a razão humana evolui em direção a patamares cada vez mais elevados e consideram que a competição em que os homens estão permanentemente empenhados, com vistas à realização de seus interesses pessoais, resulta em benefício de todos. Os liberais reconhecem também que essa competição pode levar a situações de conflito e de guerra, mas consideram que tais conflitos podem ser minimizados e controlados por meio do aperfeiçoamento das leis, das instituições e de ações colaborativas. Apesar de divergirem sobre os graus de profundidade e de abrangência em relação a idéias como progresso, competição, conflito e controle, os liberais põem-se todos de acordo sobre a necessidade de respeito à liberdade individual e ao direito à propriedade, como condições fundamentais para a consecução dos objetivos econômicos, políticos, sociais e culturais da sociedade.

A perspectiva liberal das Relações Internacionais passou a exercer grande influência sobre o pensamento e a ação político-diplomática nos anos 1920. Os Quatorze Pontos apresentados aos alemães pelo presidente dos Estados Unidos, Woodrow Wilson, como proposta para encerrar a Primeira Guerra Mundial, concorreram decisivamente para essa influência. Para os governantes ingleses e franceses, a guerra fora resultado de alguma falha do tradicional sistema de equilíbrio de poder que regulava as relações entre as grandes potências européias. Para o presidente americano, o próprio sistema de equilíbrio de poder, fundado em Westfália, fora incapaz de garantir uma paz durável. Wilson acreditava ser possível um novo modo de pensar as relações internacionais mediante a adoção dos cinco princípios e nove medidas objetivas contidas em seu documento.

Em síntese, nos cinco pontos iniciais do documento e na proposta objetiva (ponto 14), propunha democracia, livre-comércio, desarmamento, respeito ao direito à autodeterminação dos povos e respeito ao direito internacional. A partir do momento que esses princípios passassem a ser respeitados, os liberais acreditavam que estariam dadas as condições para uma paz mundial duradoura. Apesar de muito criticada, sobretudo pelos realistas, em virtude de seu suposto caráter utópico, a perspectiva liberal continua sendo uma importante referência analítica e normativa das Relações Internacionais.

Depois da Guerra Fria, período em que preponderou a análise realista, a perspectiva liberal voltou a gozar de credibilidade entre governantes e formuladores de política internacional. Os liberais, como se sabe, não compartilham a mesma posição em todas as questões internacionais, mas uma das posições mais fortes assumidas por eles no atual período pós-Guerra Fria tem sido aquela em favor da idéia de "governança global". O conteúdo básico dessa idéia é que a realidade da globalização e da interdependência tem apontado para a necessidade de se pensar em ação governativa internacional. Para os liberais, a interdependência econômica alcançou grau bastante elevado e questões como a defesa do meio ambiente, repressão ao narcotráfico, defesa dos direitos humanos, defesa das instituições democráticas, combate ao racismo, defesa dos direitos da mulher e da criança deixaram de ser nacionais e tornaram-se internacionais. A resolução ou equacionamento de questões como essas estariam, assim, para além da competência estrita e das possibilidades do Estado, exigindo sistemática cooperação entre os Estados e entre estes e as organizações intergovernamentais e não-governamentais. Na ausência de um poder central, essa ação deve se dar por meio da articulação de regimes internacionais, isto é, por meio de técnicas, instituições, regras, normas e acordos jurídicos entre os Estados, segundo as necessidades específicas de cada uma das questões internacionais.

Realismo. Os defensores do realismo consideram-no a mais antiga concepção teórica das Relações Internacionais. Para comprovar, evocam a *História da guerra do Peloponeso*, do grego Tucídides. Ao proceder à análise histórica dessa guerra travada por atenienses e espartanos no século V a.C. (431-404 a.C.), Tucídides (460-400 a.C.) argumenta que a causa da guerra foi a insegurança dos espartanos diante do aumento do poder militar dos atenienses. Essa identificação do desequilíbrio de poder como causa fundamental e objetiva da guerra inaugura uma tradição intelectual que se manteve nas obras de Nicolau Maquiavel, Thomas Hobbes, Carl von Clausewitz e Max Weber.

A base da argumentação dos realistas contemporâneos é formada, não obstante a importância dos demais pensadores, pelas idéias desenvolvidas por Thomas Hobbes. Na concepção de Hobbes, os Estados vivem em estado de natureza. Apesar de coexistirem e de se relacionarem todo o tempo, nem por isso formam uma sociedade. Vivem, na sua visão, em estado de anarquia, uma vez que na ausência de um poder soberano que faça com que todos respeitem as leis por ele instituídas, cada Estado busca maximizar seu próprio poder para intimidar os mais fracos e, simultaneamente, não ser intimidado pelos mais fortes. Segundo Hobbes, essa é uma situação da qual os Estados não podem escapar; situação usualmente definida pelos estudiosos da matéria como o dilema da segurança. Isto porque o homem, para livrar-se do medo da morte violenta a que está sujeito no estado de natureza, firma o pacto social e entra em estado de sociedade submetendo-se ao poder do Estado, do Leviatã. Todavia, pelo fato de não ser factível um pacto que erga um poder soberano que submeta os Estados às suas leis, o homem vive permanentemente sob a ameaça da guerra entre os Estados; se escapa da guerra de todos contra todos instituindo a sociedade e o Estado, não consegue escapar da permanente possibilidade da guerra entre os Estados.

O realismo como teoria científica das Relações Internacionais surge a partir das intervenções teóricas de Edward H. Carr e de Hans J. Morgenthau. Em seu livro *The Twenty Years Crisis — 1919-1939*, Carr, mediante uma complexa reflexão filosófica, análises histórica e dos fatos da conjuntura, procede a uma profunda crítica do liberal-idealismo wilsoniano. Sem se apresentar explicitamente como realista, argumenta que as teses liberais constituíram a infância da ciência das Relações Internacionais, fase do processo científico em que as teorias tendem naturalmente a privilegiar a prescrição em detrimento da análise. Nesse sentido, sua grande contribuição teórica foi considerar que os liberais falharam em suas análises por não terem levado em conta as relações de poder nas relações internacionais.

Com Hans Morgenthau, o realismo se afirma como teoria das Relações Internacionais. Seu livro *Politics Among Nations* é tido como o clássico do realismo contemporâneo. Nele, o autor apresenta seis princípios a partir dos quais se torna possível o conhecimento das relações internacionais:

1) O realismo acredita na objetividade das leis da política, que são determinadas pela natureza humana. A natureza humana não sofre variações de tempo e de lugar. Em qualquer tempo e lugar o comportamento político é sempre orientado pela busca da realização dos interesses.

2) O "interesse definido em termos de poder" constitui o conceito fundamental da política internacional, que distingue a política da economia, da ética, da estética e da religião. Esse conceito permite a análise racional do comportamento político dos governantes.

3) Os interesses variam segundo o tempo e o lugar. Eles exprimem o contexto político e cultural a partir do qual são formulados. A transformação do mundo resulta da manipulação política dos interesses.

4) A política internacional possui suas próprias leis morais, que não se confundem com aquelas que regem o comportamento do cidadão. A ética política do governante não deve ser avaliada conforme as leis abstratas universais, porém, a partir das responsabilidades que o governante tem para com o povo que representa.

5) O realismo recusa a idéia de que uma determinada nação possa revestir suas próprias aspirações e ações com fins morais universais. A idéia messiânica de que "Deus está conosco" é perigosa por conduzir a guerras. A paz só pode existir como resultado da negociação dos diferentes interesses dos Estados.

6) A grande virtude do realismo está no reconhecimento de que a esfera política é independente das demais esferas que compõem a vida do homem em sociedade. Ao abordar a política nos seus próprios termos, o Realismo cria as condições para o correto entendimento da política.

Na França, o realismo foi enriquecido pelo livro de Raymond Aron, *Paz e guerra entre as nações*, publicado na França em 1962. No texto "Que é uma teoria das Relações Internacionais" (1967), faz a defesa de seu livro e dirige críticas diretas à obra de Morgenthau. Para Aron, essas idéias, segundo as quais os Estados perseguem seus respectivos interesses nacionais e que as relações internacionais se explicam através da luta pelo poder, de fato, nada explicam. Na realidade, Aron descarta a possibilidade da existência de uma teoria geral das Relações Internacionais. Para ele, a análise somente é possível mediante o procedimento histórico-sociológico aplicado a cada caso em particular, a partir do que considera como a especificidade das relações internacionais ou das relações entre os Estados: "a legitimidade e a legalidade do recurso à força armada por parte dos atores", uma vez que, "nas civilizações superiores essas relações parecem ser as únicas, dentre todas as relações sociais, que admitem o caráter normal da violência". A questão mais significativa das relações internacionais, ao redor da qual tudo o mais gira, é, portanto, a possibilidade do Estado se ver envolvido em guerras. Essa, por assim dizer, constitui a marca da influência exercida por Clausewitz em sua reflexão sobre as relações internacionais.

Em resposta aos ataques sofridos pelos liberais ao longo da década de 1970, a corrente Realista anglo-saxã procurou renovar-se reformulando alguns pontos de seu corpo teórico. Entre aqueles que se lançaram a esse revisionismo, destaca-se o nome de Kenneth Waltz, que, em seu livro *Theory of International Politics*, publicado em 1979, objetiva conferir ao realismo um caráter mais positivo e menos normativo. Enquanto Morgenthau fundamenta sua teoria no caráter imutável da natureza humana, Waltz busca inspiração nos modelos de análise econômica de comportamento dos atores no mercado. O núcleo de sua teoria é a estrutura do sistema internacional, formada, por sua vez, por unidades autônomas (os Estados) e iguais. Para Waltz é um erro pensar que a realidade internacional é resultado das determinações domésticas dos Estados. Segundo ele, é a estrutura que determina o comportamento dos Estados. Na medida em que há desigual distribuição de poder entre as unidades do sistema, o ponto primordial para cada uma das unidades é aumentar seu grau de segurança em relação às demais. Para esse realismo estrutural, as questões relativas à ideologia ou à cultura não têm qualquer importância. O que realmente tem valor e que explica o comportamento dos Estados é a capacidade de cada um de prover sua própria segurança.

Racionalismo. O racionalismo nas Relações Internacionais é uma proposição teórica que fica a meio caminho entre as teses liberais e realistas. O racionalismo mantém um vínculo muito forte com o meio acadêmico inglês, sendo por isso mesmo também conhecido como realismo inglês ou ainda como teoria da sociedade internacional.

O acadêmico inglês Martin Wight lançou as bases que estruturam essa corrente teórica ao afirmar que a análise das relações internacionais é tributária das idéias centrais arroladas no debate entre as três maiores tradições do pensamento ocidental: o realismo de Maquiavel, o racionalismo de Hugo Grotius e o revolucionismo de Immanuel Kant. No entanto, o principal articulador do racionalismo foi Hedley Bull, discípulo de Martin Wight na London School of Economics. Partiu de Bull a iniciativa de construir uma teoria das Relações Internacionais inspirada na filosofia jurídica de Hugo Grotius. Enquanto, para Martin Wight, Grotius era apenas uma referência didática, para Bull ele oferece uma forma original de analisar as relações internacionais.

O holandês Hugo Grotius é conhecido pelos juristas por ter operado, em sua obra *De jure belli et pacis* (1615), a transformação do direito natural medieval em direito internacional. Tendo vivido num período em que a Europa passava por guerras intermináveis, resultantes do enfraquecimento do Império Cristão e do fortalecimento dos Estados absolutistas, Grotius, em nome do Direito Natural, que ele concebia como a presença de Deus na razão humana, argumenta sobre a possibilidade do enquadramento jurídico da guerra. Em seu entendimento, o ódio político entre os europeus não podia ser de tal ordem que os levassem a desrespeitar as regras humanitárias — respeito às pessoas e aos bens dos civis adversários, respeito às mulheres e às crianças, tratamento humano aos prisioneiros, atendimento aos feridos, respeito aos mortos. Não obstante as divisões confessionais e políticas que os levavam à guerra, os europeus não podiam se comportar cruelmente na guerra como se estivessem a lutar contra não-cristãos, ou seja, como se estivessem nas cruzadas lutando contra os ímpios. Segundo Grotius, os europeus, por formar uma sociedade internacional assentada na fé e na cultura comuns, deviam travar as guerras como forma extrema de solução de suas controvérsias, porém sempre respeitando o direito natural e preservando a unidade espiritual da Europa.

Em *The Anarchical Society* (1977), Bull recupera a tese de Grotius acerca da sociedade internacional. Para ele, no século XX formou-se uma sociedade internacional mundial. Como resultado de um processo que teve início no século XVI, por meio das grandes navegações e do colonialismo, os europeus ocidentalizaram o mundo. Por conseqüência, a despeito das singularidades nacionais, Bull considera que os valores difundidos pelos europeus formaram um complexo cultural que integra todos os povos do mundo. Desse modo, apesar da inexistência de um poder central, de um Leviatã hobbesiano, é legítima a idéia de sociedade internacional, de uma sociedade anárquica.

No plano analítico, os racionalistas compartilham com os liberais a tese da existência de múltiplos atores nas relações internacionais, mas concordam com os realistas que os

Estados são os principais atores, responsáveis pela decisão de fazer a guerra. Isso significa que os racionalistas consideram que o meio internacional não se caracteriza somente pelo conflito, mas também pela cooperação. E, ao contrário de realistas e liberais, atribuem grande importância aos fatores culturais nas relações internacionais. No plano normativo, os racionalistas consideram perfeitamente possível os Estados alcançarem, por meio de tratados e convenções, certo grau de entendimento e cooperação que resulte numa considerável redução dos conflitos internacionais.

Conclusões

Relações Internacionais é uma disciplina em construção. Assim como em todas as demais ciências sociais, seu objeto apresenta-se sempre em processo de mudança. De maneira correspondente, os estudiosos da disciplina realizam um esforço permanente para elaborar conceitos e teorias capazes de instrumentalizar análises confiáveis da realidade internacional.

Indiscutivelmente tal esforço não tem sido em vão. Hoje dispomos de um considerável conhecimento sobre muitos aspectos do assunto. As relações entre os Estados e os conflitos decorrentes dessas relações, por exemplo, já não parecem tão difíceis de entender como o eram no pretérito. Todavia, novos desafios continuam a aparecer, como é o caso do renascimento do nacionalismo e do aparecimento do terrorismo em larga escala, além do contínuo avanço da globalização. Todas essas razões estimulam a buscar explicações e conhecimentos mais abrangentes sobre o tema, ampliando o interesse pelo estudo das Relações Internacionais.

Referências e fontes

- Para a análise da evolução do sistema internacional, consultamos José Flávio Sombra Saraiva (org.), *Relações Internacionais: dois séculos de história* (Brasília, Ibri, 2001).

- Sobre o sistema de Estados, citamos Gianfranco Poggi, *A evolução do Estado moderno* (Rio de Janeiro, Zahar, 1981, p.97) e Stephen D. Krasner, "Compromising Westphalia", in: David Held and Anthony McGrew (orgs.) *The Global Transformations Reader* (Cambridge, Polity Press, 2000, p.124-35), ambos na p.16; e Anthony Giddens, *O Estado-Nação e a violência* (São Paulo, Edusp, 2001).

- Na p.17, a referência a Celso Albuquerque diz respeito à obra *O legado político do Ocidente: o homem e o Estado* (Moreira, Adriano; Alejandro Bugallo e Celso Albuquerque de Mello, São Paulo/Rio de Janeiro, Difel, 1978).

- Robert Gilpin foi citado na p.25 em *La economía política de las Relaciones Internacionales* (Buenos Aires, GEL, 1990, p.248); e Marcel Merle nas p.22 e 26, em *Sociología de las relaciones internacionales* (Madrid, Alianza Universidad, 1984, p.354; há tradução brasileira pela Ed. UnB).

- Sobre o conceito de sistema internacional (p.28-9) consultamos Raymond Aron, *Paz e guerra entre as nações* (Brasília, Ed. UnB, 1979, cap.IV).

- Para as questões internacionais consultamos Celso Lafer, *Comércio, desarmamento e direitos humanos* (São Paulo, Paz e Terra, 1999); e John Baylis e Steve Smith, *The Globalization of World Politics* (Oxford, Oxford University Press, 1997).

- A respeito da questão do meio ambiente, usamos a dissertação de mestrado de Thaís Rangel Vieira, *História comparativa da política brasileira frente à questão ambiental, 1972/1992*, apresentada no Mestrado de História das Relações Internacionais da Uerj em fevereiro de 2002, sob orientação do autor.

- Para a apresentação das teorias das Relações Internacionais, consultamos Scott Burchill et alii, *Theories of International Relations* (Nova York, Palgrave, 1996); e Robert Jackson e Georg Sorensen, *Introduction to International Relations* (Oxford, Oxford University Press, 1999).

Leituras recomendadas

ARENAL, Celestino del. *Introducción a las relaciones internacionales* (Madrid, Tecnos, 1990). Abrangente estudo sobre as principais questões e debates que têm pontuado a evolução teórica das Relações Internacionais.

BRIGAGÃO, Clóvis (org.). *Estratégias de negociações internacionais — uma visão brasileira* (Rio de Janeiro, Aeroplano, 2001). Importante coletânea de textos sobre diversos temas internacionais, escritos por especialistas brasileiros.

CARR, Edward Hallett. *Vinte anos de crise, 1919-1939. Uma introdução ao estudo das relações internacionais* (Brasília, Ed. UnB, Instituto de Pesquisa de Relações Internacionais, Imprensa Oficial do Estado de São Paulo, 2001). Texto clássico que, ao confrontar idealismo e realismo nas Relações Internacionais, lança as bases das Relações Internacionais como disciplina acadêmica.

FONSECA Jr., Gelson. *A legitimidade e outras questões internacionais. Poder e ética entre as nações* (São Paulo, Paz e Terra, 1998). Conjunto de ensaios em que o autor apresenta suas reflexões sobre temas como teoria das Relações Internacionais, legitimidade nas relações internacionais e política externa brasileira.

LAFER, Celso. *Comércio, desarmamento, direitos humanos. Reflexões sobre uma experiência diplomática* (São Paulo, Paz e Terra, 1999). Texto em que o ex-ministro das Relações Exteriores e acadêmico da USP faz uma reflexão sobre sua experiência como negociador brasileiro em Genebra, junto à OMC e à ONU.

SARAIVA, José Flávio Sombra (org.). *Relações internacionais: dois séculos de história* (Brasília, Instituto Brasileiro de Relações Internacionais, 2001, 2 vols.). Excelente história das relações internacionais escrita por especialistas da Universidade de Brasília, que abarca o período compreendido entre o Congresso de Viena e nossos dias.

Para o acompanhamento da discussão sobre os temas internacionais recomendamos a leitura da *Revista Brasileira de Política Internacional*, publicada pelo Instituto Brasileiro de Relações Internacionais (Ibri); da revista *Política Externa*, publicada pela Editora Paz e Terra; e das publicações brasileiras da Fundação Konrad Adenauer.

Sobre o autor

Williams da Silva Gonçalves nasceu no Rio de Janeiro em 1953. Bacharel e licenciado em história pela Universidade Federal Fluminense (UFF) e doutor em sociologia pela Universidade de São Paulo (USP), é professor adjunto do Departamento de História e coordenador do Curso de Pós-Graduação Lato Sensu em História das Relações Internacionais da Universidade do Estado do Rio de Janeiro (Uerj), e professor adjunto do Departamento de História da UFF.

Na qualidade de professor de Teoria das Relações Internacionais, lecionou nas universidades argentinas Universidad Nacional de Rosario (Unar) e Universidad Nacional del Nordeste (Unan). No Brasil, é professor do Programa de Mestrado em Relações Internacionais da Universidade Federal do Rio Grande do Sul (UFRGS) e professor conferencista da Escola de Comando e Estado-Maior do Exército (Eceme) e da Escola de Guerra Naval.

Escreveu "O campo teórico das Relações Internacionais" (in: *Estratégias de negociações internacionais — uma visão brasileira*. Clóvis Brigagão (org.), Rio de Janeiro, Aeroplano, 2001); "Militares, diplomatas e política externa no Brasil pós-1964" (in: *Sessenta anos de política externa brasileira, 1930-1990. Prioridades, atores e políticas*. José A. Guilhon Albuquerque (org.), São Paulo, Annablume/Nupri-

USP, 2001); "A Segunda Guerra Mundial" (in: *O século XX — o tempo das crises. Revoluções, fascismos e guerras*. Daniel Aarão Reis Filho, Jorge Ferreira e Celeste Zenha (orgs.), Rio de Janeiro, Civilização Brasileira, 2000); e "Os militares na política externa brasileira: 1964-1984" (*Estudos Históricos* n.12, 1993).

Coleção **PASSO-A-PASSO**

Volumes recentes:

CIÊNCIAS SOCIAIS PASSO-A-PASSO

Literatura e sociedade [48],
Adriana Facina

Sociedade de consumo [49],
Livia Barbosa

Antropologia da criança [57],
Clarice Cohn

Patrimônio histórico e cultural [66],
Pedro Paulo Funari e Sandra
de Cássia Araújo Pelegrini

Antropologia e imagem [68],
Andréa Barbosa e Edgar T. da Cunha

Antropologia da política [79],
Karina Kuschnir

Sociabilidade urbana [80],
Heitor Frúgoli Jr.

Filosofia da biologia [81],
Karla Chediak

Pesquisando em arquivos [82],
Celso Castro

Cinema, televisão e história [86],
Mônica Almeida Kornis

FILOSOFIA PASSO-A-PASSO

Leibniz & a linguagem [61],
Vivianne de Castilho Moreira

Filosofia da educação [62],
Leonardo Sartori Porto

Estética [63], Kathrin Rosenfield

Filosofia da natureza [67],
Márcia Gonçalves

Hume [69], Leonardo S. Porto

Maimônides [70], Rubén Luis Najmanovich

Hannah Arendt [73], Adriano Correia

Schelling [74], Leonardo Alves Vieira

Niilismo [77], Rossano Pecoraro

Kierkegaard [78], Jorge Miranda de Almeida e Alvaro L.M. Valls

Ontologia [83], Susana de Castro

John Stuart Mill & a Liberdade [84],
Mauro Cardoso Simões

PSICANÁLISE PASSO-A-PASSO

A teoria do amor [38],
Nadiá P. Ferreira

O conceito de sujeito [50],
Luciano Elia

A sublimação [51], Orlando Cruxên

Lacan, o grande freudiano [56],
Marco Antonio Coutinho Jorge e
Nadiá P. Ferreira

Linguagem e psicanálise [64],
Leila Longo

Sonhos [65], Ana Costa

Política e psicanálise [71],
Ricardo Goldenberg

A transferência [72],
Denise Maurano

Psicanálise com crianças [75],
Teresinha Costa

Feminino/masculino [76],
Maria Cristina Poli

Cinema, imagem e psicanálise [85],
Tania Rivera